AÉROGRAPHE.

SYSTÈME UNIVERSEL

DE COMMUNICATION D'IDÉES

AU MOYEN DE SIGNAUX SONORES ET VISUELS,

Mis à la portée de tout le monde.

PAR M. U. P. DELATOUR,

ANCIEN OFFICIER.

C'est ordinairement dans le mécanisme et les procédés les plus simples que l'on trouve les applications les plus étendues et les plus importantes (Page 61).

A PARIS,

CHEZ L'AUTEUR, RUE DES QUATRE-VENTS, N° 18,
ET CHEZ LES PRINCIPAUX LIBRAIRES.

1833.

AÉROGRAPHE.

IMPRIMERIE DE FIRMIN DIDOT FRÈRES,
RUE JACOB, N° 24.

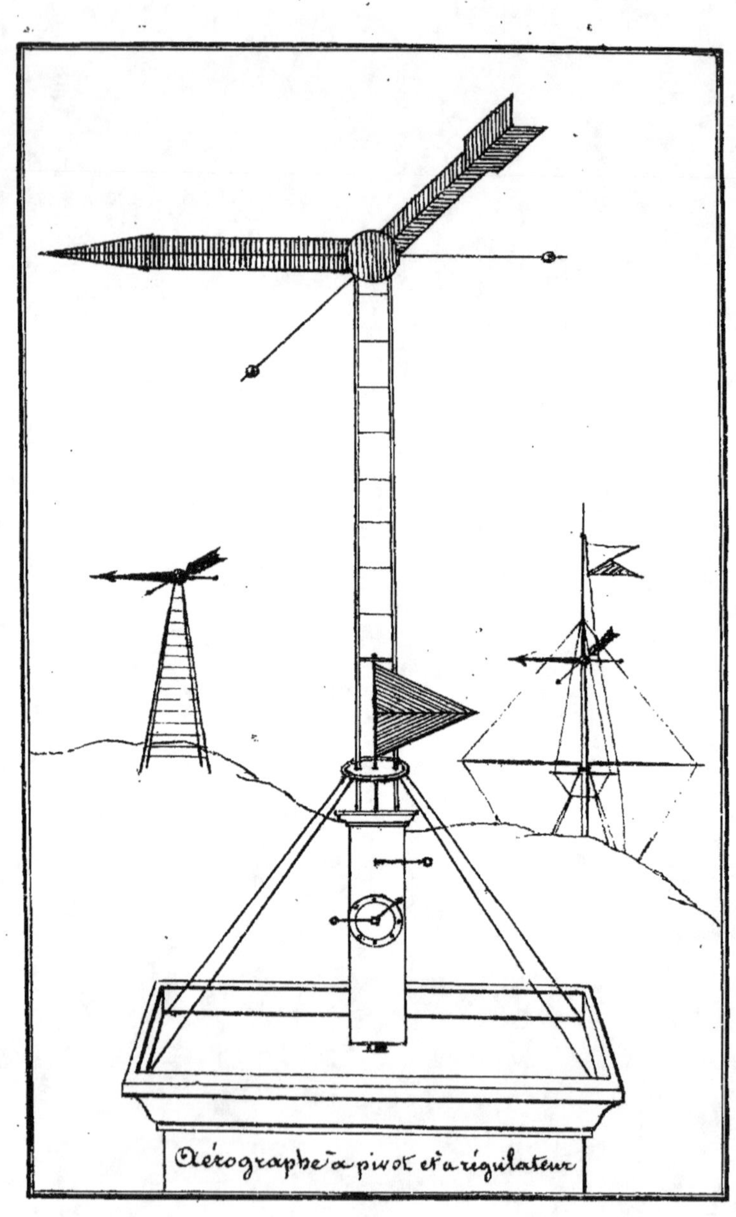

Aérographe à pivot et à régulateur

AÉROGRAPHE.

SYSTÈME UNIVERSEL

DE COMMUNICATION D'IDÉES

AU MOYEN DE SIGNAUX SONORES ET VISUELS,

Mis à la portée de tout le monde.

PAR M. U. P. DELATOUR,

ANCIEN OFFICIER.

C'est ordinairement dans le mécanisme et les procédés les plus simples que l'on trouve les applications les plus étendues et les plus importantes (Page 61).

A PARIS :

CHEZ L'AUTEUR, RUE DES QUATRE-VENTS, N° 18,
ET CHEZ LES PRINCIPAUX LIBRAIRES.

1833.

AVERTISSEMENT.

La communication rapide des idées est une question qui se rattache essentiellement à celle des chemins de fer, et à l'application de la vapeur à l'accélération des transports, questions devenues, depuis quelques années, d'un intérêt général. Aussi, ce n'est point avec indifférence qu'on voit une société particulière chercher à établir une rivalité avec le télégraphe; mais au moment où les personnes qui supposent que tout monopole présente toujours un obstacle au développement industriel, se réjouissent, en vue de l'essor nouveau que va prendre une branche d'industrie depuis si long-temps étouffée, elles se font un sujet d'inquiétude des brevets d'invention ou de perfectionnement, dont la tendance serait d'attribuer à quelques individus un avantage exclusif.

Qu'elles se rassurent. Car si, dans un gouvernement libéral, qui prend pour maxime d'économie politique le *laisser-faire*, le *laisser-passer*, les moyens de communiquer la pensée doivent être aussi libres que la pensée elle-même, sauf à chacun de tirer parti de ses idées et de son travail, sous l'égide d'une autorité bienveillante, les procédés d'exécution ne manqueront pas, surtout quand le principe qui doit guider les recherches aura été popularisé.

C'est dans cette intention que nous voulons donner de la publicité au système universel de communication d'idées que, dès l'année 1831, nous avons proposé au ministre de la marine.

Voulant aussi mettre entre les mains de tout le monde les moyens que nous croyons les plus simples d'arriver à un résultat satisfaisant, après avoir réduit autant que possible cet écrit pour faire naître le désir d'en prendre lecture, nous avons cherché à le résumer dans des planches dont la seule inspection pût donner une idée complète du texte.

Ces planches, simplement autographiées, ce qui motive assez la lourdeur du trait, sont encore dans des proportions trop faibles pour offrir la netteté désirable : la dernière, le cadran indicateur, doit avoir au moins, en réalité, un pied de diamètre.

INTRODUCTION.

L'IDÉE de correspondre à de grandes distances remonte
à la plus haute antiquité : et cependant, il restait toujours
un problème à résoudre, celui d'arriver à un résultat
pratique par un procédé prompt et facile. Sous ce rapport toutes les tentatives furent à peu près infructueu-
ses, ou du moins elles sont restées dans le domaine privé,
jusqu'à l'époque de la révolution française, que le télégraphe de MM. Chappe obtint un succès remarquable.
Cet instrument conserve encore l'importance qu'il eut
dans l'origine, et qui a valu aux deux frères le mérite de
l'invention. Certes MM. Chappe ont résolu le problème,
eux qui ont obtenu des correspondances régulières, qui
marchent avec une vitesse plus grande que celle du son.

Le son, ainsi relégué en seconde ligne, aurait encore
besoin qu'une invention nouvelle établît en sa faveur un
avantage semblable à celui que la lumière retire des lunettes, avant d'être mis en parallèle avec ce dernier agent.
Cependant il ne faut pas oublier que la lumière, malgré le secours de l'optique, rencontrera toujours un grand
obstacle dans les alternations de l'atmosphère, tant qu'on
n'aura pas trouvé le moyen de percer l'épaisseur des brouil-
lards. Cet obstacle insurmontable aujourd'hui, et qui souvent, au moment le plus inopportun, arrête complète-

ment toute correspondance , laisse au son quelques
chances d'utilité. Néanmoins, l'état actuel de nos connais-
sances ne permettant d'espérer de résultat saillant que
pour le sens de la vue, nous n'accorderons qu'une attention secondaire aux procédés sonores qui font partie
du système universel, procédés dont les éléments peuvent être bornés à cinq ou six notes d'un instrument
quelconque, et même à un pareil nombre de simples percussions.

Notre but spécial n'a donc point été de nous adresser
à l'organe de l'ouïe, mais à celui de la vue. Ce qui nous
a conduit d'abord à un emploi de pavillons plus général
que ceux dont on fait usage aujourd'hui. Mais la difficulté, l'impossibilité même de distinguer ces surfaces
flottantes quand le vent les présente de champ, nous a
déterminé à ranger aussi ces sortes de signes parmi les
moyens accessoires, pour nous arrêter principalement
à des signaux fixes donnés le jour, par des corps opa-
ques que remplacent, pendant la nuit, des points lumineux.

En système universel, nous coupons en deux, pour
ainsi dire, le télégraphe ordinaire, afin d'obtenir un
instrument que nous désignerons du nom d'aérographe, instrument d'un service plus facile, et auquel nous
ajoutons des idées accessoires, qui généralisent et éten-
dent les applications du procédé télégraphique. Nous
parvenons ainsi à réduire à ses premiers éléments, à sa
plus simple expression, un instrument qui, réservé jusqu'à ce jour à l'usage exclusif du gouvernement, entrera
désormais dans le domaine public.

Ce n'est pas à dire pour cela que nous rendions im-
possible le monopole des lignes télégraphiques que le
gouvernement voudrait peut-être s'attribuer; car une

(5)

correspondance à la vue de tout le monde ne pourrait jamais être illicite ; et quelles que soient les prétentions de l'autorité, il est raisonnable de croire qu'elles ne sortiront jamais du domaine de la politique.

L'aérographe, nouveau télégraphe portatif, vient populariser l'art de communiquer les idées à de grandes distances. Les éléments de la parole, tracés dans l'air, s'adressent à l'organe de la vue, comme les mots à l'oreille ; à la clarté du jour, c'est une plume ou une flèche pivotant sur elle-même, et dans l'obscurité, ce sont deux satellites qui, décrivant leur orbite autour d'un soleil fixe et plus éclatant qu'eux, portent au loin la pensée, la nuit aussi bien que le jour.

La simplicité de l'instrument, la possibilité de l'établir soi-même, et de le mettre en pratique instantanément, sans autre étude préparatoire que la connaissance de l'épellation, en fait un agent universel de communication d'idées. C'est une plume traçant une écriture aérienne, qui fait pénétrer la pensée partout où la vue peut s'étendre, une écriture à la portée de tout le monde, et dont la main la moins exercée peut encore arrêter sur le papier les traces fugitives.

L'aérographe, en donnant ainsi naissance à un système graphique, offre un accessoire dont nous ferons plus loin ressortir les avantages.

Arrêtons-nous d'abord à l'objet essentiel, celui d'offrir à la marine, à la guerre, au commerce et même aux particuliers, un moyen prompt et facile d'établir en plein air une correspondance secrète dont le service vulgaire, rendu intelligible à tous, deviendrait encore un nouveau moyen de publicité.

Désormais les ports et les rivages pourront communiquer avec les bâtiments sous voiles, qui pourront aussi faire circuler au loin la pensée sur les eaux ; et l'amiral d'une flotte, transformant en paroles aériennes ses dépêches, ordinairement confiées à de faibles embarcations, n'exposera plus aussi souvent à de grandes fatigues et à des dangers renaissants une partie de ses équipages.

Sur terre, dans les armées, alors que les communications sont difficiles et dangereuses, la vie des aides-de-camp et des ordonnances sera ménagée, partout où les lieux de correspondance seront à la portée d'une lunette ; correspondance qui pourrait s'étendre dans les endroits inaccessibles aux moyens ordinaires, derrière les lacs, les marais, et à travers les ennemis.

A ces services importants se joindra l'agrément des correspondances particulières, que des habitants de campagnes éloignées ou d'un difficile accès pourraient établir entre eux, ou avec les routes et les villes avoisinantes.

Pour ce qui a rapport aux grandes relations sociales et gouvernementales, il est inutile de faire ressortir l'immense résultat qu'on obtiendrait de lignes télégraphiques qui partiraient des côtes ou des frontières, pour aboutir à la capitale, et qui rendraient Paris le régulateur du commerce de la France, et la France le régulateur du commerce de l'Europe ; résultat qu'on n'a pas cherché à obtenir avec le télégraphe ordinaire, probablement à cause du prix d'installation qui a forcé d'en restreindre le service. Nous ne voulons point nous appesantir sur ces généralités, et sur des vues d'avenir dont l'importance ne peut être contestée, et dont la réalisation paraîtra praticable à toute personne qui aura pris une connaissance complète des procédés que nous ferons connaître avec quelques détails. Notre but est d'offrir des moyens d'exécution, sans chercher à en diriger l'emploi.

Nous ne développerons néanmoins dans cet écrit
que le système de l'aérographe, système que nous appe-
lons universel, parce qu'il offre un moyen de correspondance qui permet de manifester les mêmes idées à chacun de nos sens, par des signes conventionnels tirés des
types naturels, et qui se transforment les uns dans les
autres.

Quant aux applications qui appartiennent spécialement à l'un de nos sens, surtout à l'organe visuel, nous
réservons à un autre moment la communication d'un
nouveau système qui se prête merveilleusement à tous
les langages télégraphiques, et dont les signes peuvent
être adressés avec rapidité, le jour et la nuit, aux quatre points de l'horizon en même temps. La pratique en
est facile, peu coûteuse ; elle permet d'atteindre à des
dimensions inconnues jusqu'à ce jour, et de se servir de
grands éclats de lumière, sans nuire à la vitesse d'expression, ni dépasser la force motrice qu'on doit attendre
d'un seul homme.

EXPOSÉ.

TYPES NATURELS.

LE son de la voix peut être porté, par des tuyaux,
à d'assez grandes distances. Des fils métalliques seraient encore des conducteurs qui offriraient, au simple
tact, des chocs électriques, suivant des conventions systé-
matisées pour l'établissement d'une correspondance, dans
des limites que, rationnellement, on ne saurait restreindre.
Quant aux communications lointaines, sans autres intermédiaires que l'air et la lumière naturellement inter-
posés entre les correspondants, nous ne pouvons les
concevoir qu'en nous adressant aux sens de l'ouïe et de
la vue. Or, à l'oreille se manifestent, dans le temps, le
rhythme et le son, et à l'organe visuel se montrent, dans
'espace, la forme et la couleur. Les types naturels sont
donc donnés en système sonore par les huit notes de la
gamme, ou bien encore par un pareil nombre de percussions exprimant la place qu'occupe chaque note dans l'é-
chelle diatonique; et, en système visuel, par la gamme des
couleurs, à laquelle correspondent aussi les huit directions
principales que peut indiquer la ligne droite. (V. Pl. 1.)
Ces divers éléments, en exprimant aux yeux ou à l'o-

(10)

reille les huit premiers chiffres de la numération, servent
naturellement de base au système universel de communication d'idées; mais l'usage qu'on doit en faire, à de
grandes distances, nécessite, dans les types naturels, des
modifications que nous allons légitimer d'avance, en rap-
pelant quelques notions recueillies par la pratique.

Au moyen des pavillons, on développe avec facilité des
surfaces fort étendues; mais, continuellement agitées par
les vents, ces surfaces ne restent pas toujours visibles.
Il en est de même des couleurs qui les accompagnent, elles
se ternissent à mesure qu'on s'éloigne; à une certaine distance, elles n'apparaissent plus qu'en nuances foncées ou
claires, plus loin encore, elles ne jettent qu'un reflet blanc
sous les rayons du soleil, et à l'ombre, une teinte noire.
Cette particularité est cause qu'on n'attache depuis long-
temps de l'importance qu'aux trois couleurs génératrices, le rouge marié avec le blanc, et le bleu avec le jaune.
Mais pour obtenir un grand nombre de signes distincts
(on en compte jusqu'à trente-quatre dans la marine),
on s'est trouvé dans l'obligation d'adopter des pavillons
de quatre formes : la flamme, le guidon, le triangle et
le carré, revêtus de figures diverses.

Le choix que nous avons à faire de huit signes seulement, nous donne une grande latitude, qui nous permet
de n'employer que les formes et figures les plus simples,
et de n'attacher à la diversité des couleurs qu'un mérite
de luxe et non de nécessité.

En attendant qu'une pratique judicieuse, guidée par
des vues d'unité et d'ensemble, fasse un choix définitif
au milieu de la variété des signes que l'on peut employer
(voyez Planche 2), depuis l'unique pavillon, susceptible
de présenter huit aspects, jusqu'aux huit signes différen-
ciés par la forme, les dimensions et les couleurs, nous

avons dû nous arrêter à ce qu'il y avait de plus simple.
Tout en conservant, d'une part, en teinte claire domi-
nante, le carré correspondant aux directions verticales
et horizontales, et de l'autre, en teinte obscure domi-
nante, le triangle qui répond aux directions obliques,
nous nous sommes basé spécialement, et non exclusive-
ment, sur deux signes susceptibles de quatre positions
bien distinctes, pavillons bicolores, dont la simplicité est
plus séduisante qu'une variété de couleurs et de dessins,
qui se confondent à de certaines distances.

L'emploi des pavillons est facile et peu coûteux ; mais
ce système a le désavantage de présenter des signes mobiles, subordonnés à la direction du vent, et de ne pouvoir servir la nuit.

On obtiendrait cependant les huit signes, la nuit aussi
bien que le jour, au moyen d'un vaste transparent, qui,
en tournant sur son axe, présenterait chacun de ses huit
pans distingués les uns des autres par des couleurs tran-
chées. Une forte lampe fixée intérieurement sur l'axe, et
munie d'un réflecteur, jetterait pendant la nuit tout son
éclat sur la face que l'on veut rendre visible. Mais cette
espèce de lanterne, offrant ainsi de véritables pavillons
fixes, ne serait encore que d'une importance moins
grande que le système de l'aérographe proprement dit ;
système plus prompt et plus décisif, de signaux fixes ob-
tenus par les huit positions distinctes que peut prendre
successivement, en tournant sur elle-même, et vue dans
la transparence de l'air, une surface allongée, qui, toutes
choses égales d'ailleurs, est la forme la plus visible de
loin.

D'après ces considérations, nous pouvons transformer
les types naturels en éléments de signaux, et former
ce que nous appellerons le CADRAN UNIVERSEL de

l'aérographe, où les huit premiers nombres sont désignés à la vue par la direction, la forme et la couleur, et à l'oreille par des groupes de percussions, ou par les notes musicales exprimant le caractère du son dans l'échelle harmonique. (V. Pl. 3.)

FORMATION DES SIGNAUX.

Pris isolément, chacun des éléments qui composent une série sonore ou visuelle, emporte avec lui l'idée du numéro d'ordre correspondant.

Offerts deux à deux, ces éléments donnent soixante-quatre combinaisons qui peuvent être disposées systématiquement sur les soixante-quatre cases d'un échiquier, formant une TABLATURE des signaux (voyez Planches 5 et 6), tablature que l'on peut développer sous une autre forme, en présentant les colonnes à la suite les unes des autres, afin d'avoir la facilité d'inscrire, en regard de chaque signe, la signification qu'on veut lui donner. (Voyez page 44.)

Chaque case, ou plutôt le signe qu'on y aura adopté, sera déterminée par la connaissance des deux rangées de cases : la verticale, que nous appellerons *colonne*, et l'horizontale, ou *ligne*, dans lesquelles ce signe se trouve en même temps.

Le signe sera donc représenté par deux éléments, la colonne, et la *ligne* ou *place*, pris dans un des systèmes, soit sonore, soit visuel, qui tiendra lieu des chiffres. (V. Pl. 4.)

De sorte que pour donner un signal, il ne s'agira que d'exprimer ses deux éléments, colonne et ligne; et un signal étant donné, on le décomposera dans ses éléments pour en chercher la signification.

Toute la pratique consistera à se familiariser avec les éléments du système comme on l'est avec les chiffres, et à connaître également, par ordre de colonne et de ligne, les signes composant la tablature.

Au moyen de deux bras inégaux pivotant sur le même axe, comme les aiguilles d'un cadran, l'aérographe désignera, en même temps, la colonne par le grand bras, et la ligne par le petit bras.

Avec le système des signaux mobiles, deux pavillons élevés à la suite l'un de l'autre exprimeront aussi la colonne par le pavillon supérieur, pendant que l'inférieur indiquera la ligne.

Le signal sonore, qui de sa nature exige la succession, ne peut offrir cette simultanéité. Le signal se fera nécessairement en deux temps : une note de la gamme ou un groupe de percussions marquera d'abord la colonne ; puis une seconde note ou second groupe déterminera la place dans cette colonne.

Un repos, plus long que celui qui marque les deux temps, sera nécessaire avant de produire un second signal. Et encore, quand il s'agira de simples percussions, pour mieux reconnaître les groupes appartenant au même signal, il sera facile d'affecter, pour la désignation des lignes, un son différent, par le timbre ou la tonalité, de celui qui aura été choisi pour les colonnes. C'est ainsi, par exemple, qu'une seconde cloche à la quinte ou à l'octave, consacrée au deuxième temps, corrigerait utilement la monotonie d'un seule cloche.

INSTRUMENTS GÉNÉRATEURS DES SIGNAUX.

LE CARILLON. — LE TYMPANOGRAPHE.

La caisse du tambour, le cor ou la trompette, ne pouvant servir qu'à de faibles distances, nous devons aujourd'hui porter une attention particulière sur la cloche, qui, de tous les instruments sonores, est celui dont le son se fait entendre de plus loin, sans exiger de dépense comme la pièce d'artillerie.

Un carillon de huit cloches, pouvant encore servir à jouer des airs, est évidemment préférable pour la correspondance rapide; mais cet appareil coûteux n'est pas à la portée de tout le monde; il ne peut être établi que dans certaines localités; et d'ailleurs peu de personnes ont le sens musical assez développé pour apprécier facilement, dans un ordre quelconque, toutes les notes de la gamme. L'usage ordinaire donnera probablement une préférence marquée au rhythme, qui n'exige aucune étude préparatoire, et se borne à deux et même à une seule cloche. Le son en sera tiré soit avec le marteau, soit avec le battant, pourvu qu'on ait soin de mettre la même régularité dans la formation des groupes. Néanmoins, cette régularité, si nécessaire, n'étant point facile pour tout le monde, il est convenable de l'obtenir au moyen d'un mécanisme fort simple, que l'on peut adapter au carillon de huit cloches aussi bien qu'à une seule. Cette cloche unique, qu'on pourrait accompagner d'une seconde cloche à la quinte, étant établie sur un chariot, formerait un instrument portatif, que nous pourrons désigner du nom de TYMPANOGRAPHE, pour le distinguer de l'aérographe proprement dit, destiné au système visuel. Le mot tympanographe, appliqué également à la caisse du tambour, ou à tout autre instrument remplissant le même objet que la cloche, servira encore à distinguer, en système sonore, l'instrument à simples percussions, du carillon nécessaire à la production des sons musicaux. Nous ferons observer ici une fois pour toutes que, dans la création de ces mots *tympanographe*, *aérographe*, nous avons plutôt consulté les idées et les habitudes vulgaires que les lois de formation.

PAVILLONS OU SIGNAUX MOBILES.

On fixe les pavillons les uns sous les autres à une corde que l'on appelle ordinairement drisse, pour les élever à l'extrémité d'un mât. Il sera plus expéditif d'établir cette drisse courante sur la poulie supérieure et sur une autre inférieure, de manière qu'en abaissant les pavillons en vue, la même action élève ceux qui doivent les remplacer. Cette manière d'éviter toute perte de temps exige une double série des signes qu'on veut employer. Il en faudrait quatre si l'on se bornait aux deux pavillons du cadran : le pavillon *bleu-jaune triangulaire*, correspondant aux directions obliques, serait doublé ainsi que le *rouge-blanc à bandes*, correspondant aux positions horizontales et verticales.

Si l'on se servait d'autant de drisses que de pavillons tout préparés d'avance, on éviterait le désagrément de détacher chaque fois les signes, quand on doit les échanger. C'est alors que huit pavillons, au lieu de deux, devenant indispensables, on pourrait les distinguer à la fois par la forme, les dimensions et les couleurs. Cet avantage entraîne l'inconvénient d'une dépense plus forte et de plus grands embarras; néanmoins, avec cette augmentation de signes, il ne serait pas nécessaire de doubler la série, une fois qu'il aurait été convenu d'avance, ici et dans le cas précédent, qu'un signe isolé compte pour deux, représentant à la fois le même numéro de colonne et de place.

AÉROGRAPHE, PROPREMENT DIT, INSTRUMENT DONNANT DES SIGNAUX FIXES.

Cet appareil consiste en deux bras inégaux, imitant les aiguilles d'un cadran, ou présentant l'aspect d'une plume ou flèche brisée, dont les deux parties agissent autour d'un centre commun, pour indiquer à volonté les huit éléments du système visuel.

Pendant la nuit, on adapte une lanterne à chaque extrémité des bras, et une au point tournant; cette dernière, plus lumineuse que les deux autres, qui se meuvent autour d'elle à inégales distances, reste fixe comme un astre au milieu de ses satellites.

On fait agir les bras au haut d'une simple tige ou d'une échelle, au moyen de deux manivelles adaptées en forme d'aiguilles sur le cadran universel déja décrit page 11. Ce cadran peut être placé dans une chambre qui le sépare de la flèche dont il répète exactement les mouvements; de sorte que la personne chargée de la correspondance est à couvert, et n'a besoin que de l'ouverture nécessaire au passage d'une lunette d'observation.

Dans la chambre du commandant d'un navire, on ferait mouvoir la flèche extérieure, soit vis-à-vis des croisées, soit au-dessus du pont, de manière cependant à ce que l'appareil pût être enlevé à volonté pour ne point gêner la manœuvre ; mais cet emplacement ne convient qu'à de faibles distances; c'est au-dessus des barres du grand mât de perroquet, à bord des vaisseaux et frégates, que l'aérographe trouve sa véritable place. Fixé près du câpelage de la flèche, il serait mis en mouvement par un homme établi en vigie sur l'un des chouquets.

On peut donner à l'aérographe différentes formes, pour l'approprier au lieu et à l'usage spécial que l'on voudrait en faire, et le rendre portatif, tout en conservant les larges proportions que nécessitent les grandes distances. Une forte cheville de fer servant de pivot suffit pour le maintenir à une place déterminée, sans lui ôter la faculté de changer tout-à-coup de direction, ou de suivre successivement celle du bâtiment sous voiles avec lequel on correspond.

Destiné au service militaire, et élevé à l'extrémité d'une échelle double assurée à la base, l'aérographe devient un porteur de dépêches fort utile dans une armée. L'homme -est assis sur un siége mobile qui se ploie et s'enlève en même temps que l'échelle. Cet instrument, le plus simple de tous, et qu'on peut varier de bien des manières, n'a besoin ni de poulies ni de cordes pour établir la communication de la flèche au cadran. Détaché de l'échelle, on peut le manœuvrer par une croisée d'appartement, ou à travers une muraille.

Dans un cas pressant, il sera facile d'improviser un aérographe au moyen de deux lances maniées par un seul homme. Deux hommes placés l'un derrière l'autre, munis chacun d'une grande perche ornée de pavillons ou simplement d'une touffe de feuillage ou de quelques parties de vêtement, offriraient encore des signaux de plus grandes dimensions.

L'aérographe suffit à toute espèce de correspondance.

2.

Néanmoins, pour répondre aux exigences les plus étendues, on pourra, dans certains cas, le munir d'un *guidon*
ou troisième bras fixé au-dessous ou au-dessus des autres,
à une distance au moins égale à la longueur totale de la
flèche. C'est pour éviter la confusion que nous ne faisons
pas agir ce guidon sur le même axe que les deux bras
principaux. Le nouveau cadran moteur se placera près
du cadran principal, et sera également numéroté dans les
huit directions. Pendant la nuit, le guidon portera aussi
ses deux lanternes dont les feux, déja suffisamment distingués des autres par leurs positions respectives, pourraient offrir encore des teintes différentes au moyen de
verres de couleur.

Sans faire usage du guidon, il serait peut-être utile,
dans le service de nuit de la marine, d'établir à sa place
une lanterne fixe, dans l'intention de conserver, toujours
malgré le mauvais temps, l'indication de la verticale. Pendant le jour, le mât suffit à cette indication. Ce moyen
est plus simple que de chercher à conserver la véritab'e
verticale par la suspension de tout le système.

Enfin, quand on sentira la nécessité d'assurer les signaux, c'est-à-dire de les accompagner par un signe toujours constant, la lanterne sera rendue mobile de haut
en bas. Le jour elle sera remplacée par un pavillon, ou
par une traverse quelconque pivotant sur elle-même ou
s'élevant et s'abaissant à volonté.

Si l'on ajoutait deux guidons sur le même axe, on obtiendrait un second aérographe, capable, comme le premier, de fournir les mêmes signaux; et, alors, faisant agir
les deux flèches suivant le même système, séparément ou
combinées ensemble, l'appareil, dans sa totalité, offrirait
un fonds inépuisable de signes primitifs, pour alimenter
les correspondances les plus étendues et les plus rapides

Mais, comme nous le reconnaîtrons plus loin, il est inutile de tenir à cette idée ; car l'aérographe, dans sa simplicité, arrive, sans la moindre confusion, à tous les résultats qu'on voudrait obtenir au moyen d'instruments plus compliqués.

TOUR D'ORDRE.

Pour former une réunion de tous les systèmes de signaux, nous avons fait établir un modèle de tour ou tourelle, garnie d'un carillon de huit cloches, et surmontée d'un aérographe diurne-nocturne.

Nous proposons de faire arriver dans le même local huit cordes, pour sonner à toute volée une seule cloche, ou plusieurs ensemble. Les deux basses, si elles sont volumineuses, pourront encore, suivant les besoins, être mises en branle avec les pieds.

Nonobstant cette disposition, qui donnerait des signaux d'appel, des tintements d'alarme et de réjouissance, un clavier permettra de jouer des airs et de correspondre au moyen du système musical; ce qui n'empêchera pas, pour le système à percussion, l'établissement de deux cadrans, dont les deux aiguilles ou manivelles de l'un fourniront avec régularité des groupes de notes musicales, et les deux autres aiguilles de l'autre, des groupes de percussions, tirés d'une seule cloche, ou de deux cloches à la quinte.

Cette multiplicité de moyens, auxquels on peut encore ajouter le système des pavillons, ne peut faire naître de confusion, lorsqu'on sera convenu que telles ou telles natures de signaux seront, dans telles et telles circonstances, adressées à de certains correspondants.

Il est bien entendu que les signaux sonores seront

(23)

employés avec ménagement, et dans des circonstances opportunes.

De la tour d'ordre on pourra ainsi organiser un service régulier dans certains établissements, et établir des relations avec le voisinage. Ces dispositions seraient surtout utiles sur un terrain exploité par une colonie agricole qui répondrait à l'appel fait en 1832 par M. le ministre du commerce (1).

Les communications à des distances fort éloignées, et pouvant appartenir à une grande ligne de correspondance, ne pourront jamais être que l'objet d'un service spécial. Pour remplir ce but nous proposerons plus tard, ainsi que nous l'avons annoncé à l'Introduction, un autre système de signaux, qui ne laissera rien à desirer, sous le rapport de la précision des signes, et de la facilité de les rendre visibles selon les distances, par l'augmentation de l'angle visuel et l'intensité des éclats lumineux.

---

(1) Voir le *Moniteur* du 6 novembre 1832. Il contient une ordonnance qui institue une commission spéciale pour examiner le meilleur système agricole et faire exécuter en France ce qui en paraîtra vraiment avantageux. Déja une société a pris les devants pour joindre la pratique à la théorie. Établie dans les communes de Condé-sur-Vesgres et Adainville, canton de Houdan, département de Seine-et-Oise, elle s'occupe d'un essai d'association d'après les idées de M. Ch. Fourier.

LANGAGE DES SIGNAUX.

Pour exprimer des idées, les signaux doivent nécessairement indiquer des phrases, des mots, des syllabes, ou enfin les éléments de la parole.

S'il y avait possibilité d'énoncer chaque phrase par un signe spécial, ce serait sans doute ce qu'il y aurait de plus expéditif; mais il faut renoncer à cette prétention, qui exigerait un nombre infini de signes, puisque le discours ne connaît point de limites.

Signaler des mots au lieu de phrases, paraît illusoire, vu la difficulté d'affecter un signe particulier à chacun des cent mille mots de la langue française.

Il en est de même des syllabes; le nombre en est encore si grand, qu'il vaut mieux s'adresser de suite à leurs éléments de formation, les sons et les articulations.

Ce dernier procédé donne lieu au système alphabétique, au moyen duquel on peut tout écrire, pendant que l'idée de transmettre des phrases toutes faites, ou de simples mots, entraîne après soi la nécessité d'un vocabulaire dans lequel il faut aller chercher les signes correspondants aux mots de la dépêche à envoyer, et exige, de la part de celui qui reçoit cette dépêche, un travail inverse, pour rétablir les signaux en langue vulgaire.

Ces deux procédés ont chacun leurs inconvénients et leurs avantages. Ils peuvent, suivant l'occasion, présenter un certain degré d'utilité dont il faut profiter. Développons ces deux systèmes.

SYSTÈME ALPHABÉTIQUE.

Il est indispensable d'adopter une tablature invariable pour la correspondance publique et usuelle, correspondance qui peut s'adresser à toute une armée, à toute une population.

Les communications secrètes s'obtiendront toujours en intervertissant les signes suivant un nouvel ordre convenu d'avance avec les correspondants.

En présence du but que nous devons nous proposer, qui est d'arriver à la plus grande célérité, sans cesser d'être lisible, et lorsqu'il s'agit de poser les bases d'une écriture qui doit être mise à la connaissance de tout le monde, et par conséquent à la portée des intelligences les moins cultivées, il est utile de se débarrasser des lettres parasites, qu'entraîne avec elle l'orthographe étymologique; car les élémens constitutifs de toute expression vocale, les sons et articulations, s'y trouvent représentés de 732 manières différentes (1), 108 au commencement des mots, 219 au milieu, et 405 à la fin; pendant que ces mêmes éléments peuvent être réduits à 30, si l'on supprime les signes graphiques, dont la présence n'établit aucune valeur sonore bien distincte.

(1) Voyez la méthode de lecture de M. Mialle, rue Saint-Lazarre, n° 44.

(27)

L'usage devra donc conserver l'orthographe rationnelle,
celle de tous les sténographes, véritable peinture de la
parole, qui ne connaît que les sons et les articulations.
On écrira les mots comme on les prononce, on sup-
primera souvent les désinences phoniques, et l'on ne
fera pas un usage habituel de l'e muet. Chaque consonne
étant considérée comme suivie de cette lettre, on pro-
noncera P, T, Q, etc. Pe, Te, Qe, etc.

Dans la tablature alphabéthique usuelle que nous
avons adoptée, et que nous offrons en forme d'échiquier,
Planche 5, nous avons consacré la 6ᵉ colonne aux 7 doubles consonnes, *pl, cl, fl, pr, tr, cr, fr*, qui se rencontrent
souvent dans le discours. Ces articulations fortes peuvent
également, comme en sténographie, exprimer leurs analo-
gues ; les articulations faibles *bl, gl, br, dr, gr, vr*, sauf
les cas où l'on aurait à craindre une méprise. La même
observation s'étendrait aux autres doubles consonnes d'un
usage plus rare, si l'on voulait leur affecter des signes
spéciaux, comme nous l'avons fait pour X représentant
qs ou *gs*. Mais on conçoit l'inopportunité de compli-
quer, pour un faible avantage, une écriture qu'on
ne saurait rendre trop facile et dont les signes, les
seuls indispensables, nous le répétons encore, peuvent être bornés à 3o. Nous avons pris à tâche de les
rassembler en un seul groupe, et de les exprimer par
des éléments de formation qui ne dépassent pas le 6ᵉ
numéro d'ordre. L'idée qui a présidé à cette classification
a été de mettre, aux premiers rangs, les signes qui revien-
nent plus souvent dans le discours.

Les personnes qui voudraient écrire en toutes lettres
rétabliront dans la 7ᵉ ou 8ᵉ ligne les lettres parasites
h k y w œ que nous avons remplacées par des signes
plus utiles.

Il en sera de même pour les articulations qui seraient spéciales à la langue étrangère dont on voudrait faire usage.

La 7e colonne appartient aux 8 premiers chiffres de la numération décimale ; le 9 et le o, ainsi que la désinence *ième* servant à désigner les nombres ordinaux, occupent la 8e place des colonnes précédentes. Il en est de même du signe affirmatif ou positif *oui*, du signe négatif *non*, et du *point*. Le point se met à la fin d'une phrase, et sert aussi de signe d'abréviation : on écrira Monsieur, *Mr.* ; Madame, *Md.* ; Mademoiselle, *Ml.*, etc.

La 8e colonne est ouverte aux signes *régulateurs* de la correspondance, et à des signes de *transition*, servant à étendre l'usage de l'aérographe, par le moyen du passage d'une tablature à une autre, portant une interprétation nouvelle des mêmes signaux. Les signes transitoires sont :

Alphabet $\frac{8}{1}$, annonce que les signaux doivent être interprétés suivant la tablature alphabétique.

Vocabulaire $\frac{8}{2}$, renvoie au système numérique.

Adresses $\frac{8}{3}$, renvoie à la liste des personnes, villes bâtiments, corps d'armée, etc., à qui s'adresse la dépêche.

Dialogue $\frac{8}{4}$, indique une correspondance à l'usage des employés.

Viennent ensuite les signaux régulateurs.

Réponse $\frac{8}{5}$, pour faire changer de rôle aux interlocuteurs.

Faute $\frac{8}{6}$, est pour annuler le signal précédent. Si l'erreur que l'on a faite remonte plus haut, on fait suivre ce signal d'un nombre qui indique la quantité de signes qu'il faut supprimer. Si la dépêche elle-même devait être nulle, le nombre sera remplacé par le signal *etc.* $\frac{5}{7}$.

Fin $\frac{8}{7}$, termine la dépêche.

Repos $\frac{8}{8}$, est l'indication des fins de mots et des membres de phrases.

Une dernière observation terminera cet article, que nous avons resserré autant que possible, attendu que la seule inspection de la tablature, ajoutée aux développements qui vont suivre, suffira pour éclairer complètement ce qui concerne le système alphabétique.

Chaque instrument doit être muni d'un cadran indicateur (v. Pl. 8), cadran dont les manivelles indiquent, à chaque position, le signe de la tablature usuelle; ce qui dispense d'apprendre cette tablature, et rend expert, dès le premier jour, celui qui doit s'en servir. Mais il est un moyen de ne plus y recourir, et de se familiariser avec le langage alphabétique, bien avant de connaître imperturbablement les signaux et leur signification; c'est d'apprendre les signes seulement par colonne, et suivant l'ordre qu'ils occupent. Car alors, le premier élément du signal ayant donné le n° de la colonne, il sera facile de nommer mentalement la suite des signes de cette colonne, depuis le premier jusqu'à celui qui est déterminé par le second élément. C'est ainsi qu'en feuilletant un dictionnaire, on arrive à la lettre cherchée, après avoir nommé suivant l'ordre alphabétique celles qui précèdent.

ÉCRITURE ET TYPOGRAPHIE.

Avec un aérographe de dimension convenable, on donnerait à la fois l'instruction à une multitude d'individus. Dans le foyer domestique, de petits modèles en bois ou en carton, un simple écran portatif représentant le cadran indicateur, offriraient un passe-temps utile aux personnes qui voudraient, pour de plus grandes occasions, se familiariser d'avance avec l'aérographe. Ce serait un jeu pour des enfants que d'apprendre les signaux et leur application ; ce qui leur faciliterait beaucoup le mécanisme de la lecture. Ici, toutes les difficultés disparaissent, car il ne s'agit plus de reconnaître les trente éléments du langage, représentés de 732 manières différentes avec une incohérence qui leur fausse le jugement, désespère et rebute même la plupart des adultes qui se déterminent un peu tard à apprendre à lire. Douze sons et dix-huit articulations, toujours invariables dans leurs formes, écrivent tous les mots de la langue. La science est bornée à l'épellation régulière, c'est-à-dire, à savoir former, avec ce petit nombre de signes, des syllabes et des mots par l'assemblage de voyelles et de consonnes, que l'on trace successivement, sans calculs ni efforts de mémoire, à mesure qu'on les entend prononcer. On fixe ces signes fugitifs sur le pa-

pier au moyen d'une écriture, qui n'est autre chose que
la copie exacte des signaux de jour ou de nuit (v. Pl. 7),
écriture dont le tracé facile est à la main de tout le
monde, et qu'on transformera en écriture ordinaire,
si l'on remplace les nouveaux caractères par les lettres
de l'alphabet, lettres que déja on a pu connaître en
même temps que les signaux.

Avec cette méthode, qui prépare à la sténographie,
l'enfant aura de suite à sa disposition un moyen de communication d'idées. Il est vrai qu'il se servira d'une orthographe rationnelle, qui écrit les mots invariablement
tels qu'on les prononce, et avec une grande économie
de signes. Que s'il trace les mots sans indécision, suivant
la bonne prononciation qu'on lui aura une fois donnée,
il retrouvera toujours à la lecture cette bonne prononciation, dont il lui sera difficile de s'écarter. Il est vrai que
cette orthographe n'est pas celle des personnes lettrées, et
qu'il faudra finir par se mettre à la mode, pour se donner le vernis d'une bonne éducation. Oh! alors, ce luxe
devenu nécessaire n'est plus qu'une affaire de mémoire:
une lecture assidue dans les livres, et quelques règles,
malheureusement pleines d'exceptions, viendront, tôt ou
tard, compléter cette partie de l'éducation des personnes
que leur position permet de se livrer à l'étude.

Quant au malheureux, condamné par la méthode
exclusive à une ignorance absolue, il lui sera facile de
ne plus rester la bouche béante devant une feuille de
papier, sans comprendre cette puissance mystérieuse de
conserver, par des caractères indéchiffrables pour lui,
l'idée que son semblable a voulu fixer, et si ses doigts,
roidis par le travail, le mettent dans l'impossibilité de
les plier au tracé des lettres ordinaires, il aura recours à
l'écriture aérographique.

Dans cette écriture, chaque lettre se trouve composée de deux lignes droites que, pour plus de grace, on lie par une boucle; ou mieux encore, on représente, par un point ou par une piqûre d'épingle, la place que prend successivement chaque lanterne de l'aérographe dans son service de nuit.

Cette dernière méthode offre une application utile de la typographie privée de M. Barbié (1); car en perçant en même temps un assez grand nombre de feuilles de papier superposées, on multipliera à volonté le nombre des exemplaires de la correspondance.

Cette typographie économique, d'un usage aussi prompt que facile, offre une régularité qui ne laisse rien à désirer, quand on se sert d'un *style* à doubles pointes, ou d'un *guide* que l'on promène le long d'une règle, pour présenter au style tous les trous nécessaires, afin de préciser les différentes directions et distances.

Un *régulateur* (v. Pl. 7), c'est-à-dire une règle percée sur toute sa longueur, qu'il est convenable de faire avec de la corne blonde, ou toute autre substance transparente, est encore un instrument préférable, puisqu'on n'a besoin de le déplacer qu'à chaque ligne.

La même raison conduit, en dernier résultat, au

______

(1) M. Barbié, auteur de méthodes ingénieuses de lecture et d'écriture à l'usage des aveugles, a proposé depuis long-temps cette typographie privée comme un moyen d'émancipation intellectuelle; mais l'idée est restée sans résultats, attendu que la facilité d'un tracé de lettres ne pouvait être un stimulant d'une importance assez grande pour amener les classes déshéritées de l'instruction à se servir d'un procédé qui ne pouvait les mettre en rapport qu'avec un petit nombre de personnes; procédé peu attrayant pour celui qui déja sait lire et écrire par l'écriture ordinaire. Mais ici l'aérographe étant un moyen universel de communication d'idées, est une acquisition importante par elle-même, nécessaire à tout le monde, et devient, en outre, une initiation à l'écriture ordinaire.

moyen le plus simple et le plus rapide, celui de se servir d'une large feuille de corne transparente, percée régulièrement dans toute sa surfce, et couvrant la feuille de papier dans la partie destinée à recevoir l'écriture. Le point de centre, toujours plus fort que les deux autres, pourrait être piqué d'avance sur toute la feuille, de manière que, au moment d'écrire, la formation de chaque lettre se borne à deux piqûres faites avec la même pointe.

Le papier doit être posé sur plusieurs morceaux de flanelle, ou toute autre substance, formant un coussin propre à être pénétré par la pointe du style. Les trous qui, par la suite, se boucheraient en partie par le frottement, redeviendront visibles devant le jour d'une croisée ou sur un fond noir. La pratique offrira mille moyens de leur conserver une trace ineffaçable; le style, à cet effet, pourrait être couvert d'aspérités, comme une lime, pour enlever les bavures sur son passage; il pourrait être fait en emporte-pièce, ou bien encore percé ou cannelé dans toute sa longueur, pour laisser écouler, à l'instar des plumes à pompes ou sans fin, une encre qui pénétrerait jusqu'au fond de son passage. En définitive, le sacrifice d'une feuille de parchemin, ou de cuivre excessivement mince, donnerait autant d'empreintes que possible, au moyen d'un rouleau ou d'une brosse qui, passant par-dessus, déposerait dans les espaces vides, sur une feuille blanche, de l'encre d'imprimeur.

Nous ne nous arrêterons pas davantage sur ces détails de pratique, qui ne peuvent opposer aucune difficulté sérieuse, aussitôt qu'on sentira le besoin de profiter d'un moyen aussi facile de remplacer soi-même les bienfaits inappréciables, mais coûteux, de l'imprimerie.

Nous n'indiquerons aussi qu'en passant un avantage particulier attaché aux piqûres d'épingle, c'est de présenter dans le vrai sens, de l'autre côté de la feuille, les signes qui auraient été recueillis en sens inverse. Ce qui peut arriver dans plusieurs circonstances, par exemple, dans une escadre, quand un vaisseau fait directement du haut de sa mâture, aux bâtiments de l'avant, des signaux qui s'adressent aussi à ceux de l'arrière. Il n'est point nécessaire de répéter alors les signaux dans le sens opposé, car celui qui les recueille dans cette position, n'aura qu'à prendre le soin de les pointer tels qu'il les voit, mais en allant de droite à gauche sur le papier, pour les retrouver de l'autre côté rectifiés et dans le vrai sens de l'écriture. Il en serait de même d'une ligne aérographique, dans laquelle on n'aurait pas besoin de faire faire volte face à tous les instruments dirigés du même côté, pour reporter en sens contraire les signaux d'une réponse.

SYSTÈME NUMÉRIQUE.

Dans ce système où il s'agit d'énoncer par des signes distinctifs chaque article d'un vocabulaire suffisamment étendu , pour répondre aux besoins de toute correspondance, il est nécessaire de recourir à des combinaisons de signes ; car on ne pourrait sans cela obtenir un grand nombre d'indications, au moyen d'un instrument toujours limité, alors même qu'on voudrait le faire sortir, par une complication outrée, des bornes que réclame une pratique judicieuse.

La véritable formule des combinaisons que l'on peut faire en présentant deux à deux, trois à trois, etc., un certain nombre de signes, est donnée par tout système de numération. Nous pourrions donc nous servir du système décimal, en désignant le nombre ou numéro d'ordre qu'on aurait affecté à chaque article du vocabulaire, par chacun des chiffres qui concourent à l'expression de ce nombre ; et alors, les dix chiffres insérés dans la tablature alphabétique suffiraient à cet usage.

Mais on s'aperçoit de suite qu'un procédé qui n'emploie que 10 chiffres sur 64, laisse beaucoup à désirer, d'autant plus que ce système décimal, qui n'a d'autre avantage que d'être usuel, avantage de peu de valeur,

3.

en cette circonstance, exige déja 4 chiffres, et par conséquent le même nombre de signaux, pour exprimer le
nombre 1,000, et qu'il en faudrait cinq pour arriver
à 10,000.

Nous sommes naturellement conduit à employer les
64 signaux à notre disposition comme base d'un nouveau système numérique; car plus nous emploierons
de signes primitifs, moins il en faudra pour exprimer le
même nombre, et c'est alors que nous écrirons tous les
nombres jusqu'à 4,096, deuxième puissance de 64, sans
dépasser 2 chiffres, et qu'avec 3, nous arriverons au-delà
de tous les besoins, au nombre 262,144, troisième puissance de 64.

Il ne faut point cependant se faire illusion sur cette
base numérique; car ces 64 signaux de l'aérographe, pro-
venant déja de la combinaison par deux à deux des huit
premiers signes, n'offrent autre chose que la deuxième
puissance du système octogonal qui, pour arriver au
même résultat, emploie le double des chiffres nécessaires
au système basé sur 64.

Quel que fût en effet le système de combinaison que
l'on voudrait employer, on ne peut sortir de ce principe
général, qu'on n'obtient le plus grand résultat que par le
plus grand nombre d'éléments primitifs, et ceci s'applique
à tous les procédés de la télégraphie.

Le système décimal est donc en lui-même préférable
au système octogonal; mais ce qui fait la supériorité de
celui-ci, c'est d'être offert par les types naturels qui uni-
versalisent son application.

Notre attention s'était d'abord portée sur le système
duodécimal, si brillant par lui-même, mais n'ayant pu le
généraliser d'une manière satisfaisante, ni le rendre d'un
usage facile, nous l'avons abandonné. Ses types naturels

se trouvent, en système sonore, dans les 12 notes de la gamme chromatique, l'octave, ou note d'écho, servant de ralliement à l'oreille, et, en système visuel, dans le dodé-cagone que présente le cadran horaire.

Revenons donc au système octogonal, et présentons-le sous le point de vue le plus favorable à l'usage auquel il est destiné.

TABLEAU

des combinaisons de signes pour servir à la formation du Vocabulaire.

AÉROGRAPHES	BASES NUMÉRIQUES. Éléments.	RICHESSE DU VOCABULAIRE.	
		Tablatures.	Articles.
Simple à.. { 1 bras	$\dots 8^1$	$\times \frac{1}{8}$	8
{ 2 id.	$\dots 64 \dots 8^2$	1	64
à guidon.. 3 id.	$\dots 8^3$	8	512
Double.... 4 id.	$\dots 64^2 \dots 8^4$	64	4,096
id. à guidon 5 id.	$\dots 8^5$	512	32,768
Triple..... 6 id.	$512^2 \dots 64^3 \dots 8^6$	4,096	262,144

Nous limitons ici ce tableau arrivé à un vocabulaire contenant 262,144 articles, formant 4,096 échiquiers ou tablatures de 64 articles.

Les nombres affectés aux articles seront composés, dans cette limite, d'une certaine quantité de chiffres qui pourra s'élever jusqu'à six en système octogonal, système plus spécial à l'emploi des pavillons, puisqu'on peut en

isoler les signes; ou bien à trois, en système à base de
64 donnée par l'aérographe simple, c'est-à-dire par deux
bras agissant ensemble; ou bien encore à deux chiffres,
en système à base de 512 éléments fournis par l'aérographe à guidon.

Dans le choix à faire de l'instrument, il est évident
qu'il faut rejeter ceux de cinq à six bras, comme trop
compliqués, et qu'on ne pourra guère s'arrêter qu'à l'aérographe double, dont les quatre bras offrent encore, dans
l'espace, assez de confusion. Il est vrai que cet instrument
ne peut donner que 4,096 articles. Mais il est facile d'en
augmenter le nombre par l'emploi de deux signaux con-
sécutifs; le premier signal, que nous appellerons *premier
temps*, indiquant l'une des 4,096 combinaisons considé-
rées comme chiffres servant de base à un système de numération, dont un second signal, ou *second temps*,
désignera le chiffre du second ordre. Ces deux chiffres
peuvent élever le nombre des articles du vocabulaire
jusqu'à $4,096^2$ ou 16,777,216, richesse dont l'immensité
serait plus embarrassante qu'utile.

L'aérographe à guidon est préférable, puisque deux
temps suffisent pour élever les 512 combinaisons jusqu'à
262,144 articles, nombre qui dépasse encore les besoins
ordinaires.

Mais en définitive, l'aérographe simple sera recherché
avant tous les autres; car il offre identiquement les
mêmes avantages que l'aérographe à guidon, avec cette
différence qu'il lui faut trois temps, au lieu de deux, pour
exprimer les nombres au-dessus de 4,096.

Reste actuellement à balancer, suivant l'usage auquel
on destinera l'instrument, ce léger retard, avec les avantages d'une construction un tiers plus simple, n'offrant,
la nuit, que trois lanternes au lieu de cinq, et par consé-

quent, plus rapide dans sa marche, plus facile à manier et à distinguer dans l'éloignement.

Nous n'hésitons pas à donner la préférence à l'aérographe dans toute sa simplicité, et c'est à son usage que nous proposons le modèle suivant d'un vocabulaire que l'on peut adapter néanmoins à tous les systèmes télégraphiques, vocabulaire dont la publicité n'entraîne aucun inconvénient, car il sera toujours loisible de rendre la correspondance secrète en intervertissant, après convention, l'ordre des chapitres, séries et articles.

Les signaux de ce système numérique étant indépendants de la forme donnée à la pensée, offrent une écriture intelligible entre les personnes qui ne parlent pas la même langue.

VOCABULAIRE DE L'AÉROGRAPHE.

L_E vocabulaire de l'aérograghe est le développement du système numérique à base de 64 chiffres primitifs (2e puissance du système octogonal). Il forme une série indéfinie d'articles régulièrement classés, et dont l'expression s'obtient, au moyen de *signaux simples*, énonçant le contenu de la première tablature ou page (1) du vocabulaire ; de *signaux doubles*, lorsque la série s'étend à un chapitre qui peut renfermer jusqu'à 64 tablatures ; et enfin de *signaux triples*, pour obtenir un volume de 64 chapitres.

Un pareil résultat est loin de réclamer plus d'étendue par des signaux quadruples, qui ajouteraient encore une nouvelle série de 64 volumes, chacun de 262,144 articles. Il faut au contraire chercher à restreindre la classification, en choisissant une combinaison plus modeste, et plus en rapport avec le système décimal, afin de transformer avec facilité, en chiffres décimaux et en chiffres de l'aérographe, les nombres qui assignent aux articles un rang dans le vocabulaire. Cette précaution est utile pour pouvoir se servir, dans le système de l'aé-

(1) La tablature offre toujours un groupe de signaux qui doivent être renfermés en entier dans une page du vocabulaire, afin de faciliter les recherches par un ensemble toujours uniforme de 6o articles mis en même temps sous les yeux.

rographe, des dictionnaires déjà en usage pour les télégraphes, où autres moyens de communication employés sur terre ou sur mer.

La conservation des signaux transitoires de la 8e colonne de la tablature alphabétique, déterminerait une base de 56 chiffres, qui, réduite à 5o pour obtenir un nombre rond, laisserait 14 signaux en disponibilité ; les chapitres seraient encore de 2,5oo, et le volume de 125,ooo articles ; néanmoins nous pourrions étendre cette base à 6o, sauf à n'employer qu'à défaut d'autres les signaux où entreraient, comme éléments, les signes transitoires ; mais, pour éviter les lacunes, arrêtons-nous définitivement au système de 5o chiffres.

Le nombre décimal qui marque le rang du signal dans le vocabulaire, sera formé du numéro correspondant dans la tablature, joint au numéro d'ordre de cette tablature, multiplié par le nombre des signes déterminant la base du système, et ajouté au numéro du chapitre multiplié par le carré de cette base.

Réciproquement, un nombre qui ne dépasserait pas les limites du vocabulaire (le nôtre est borné à 124,999 signaux triples, la base étant 5o), divisé deux fois par 5o ou une fois par 2,5oo, présenterait, au quotient, le numéro du chapitre ; le reste de cette opération, divisé par 5o, donnerait le numéro d'ordre de la feuille ou tablature, et ce dernier reste, exprimerait l'un des 5o numéros de cette feuille. Si la division par 5o ne donnait pas de reste, c'est qu'alors le numéro dans la tablature serait évidemment zéro.

Le signal simple fait donc connaître l'un des 5o numéros de la tablature numérique, et par conséquent l'article correspondant.

Le signal double se fait en deux temps : le premier indique le numéro d'ordre de la tablature dans le chapitre, et le second le numéro d'ordre des articles dans chaque tablature.

Le signal triple se fait en trois temps : le 1er désigne le numéro d'ordre du chapitre dans le volume, le 2e le numéro d'ordre de la tablature dans le chapitre, et le 3e le numéro d'ordre de l'article dans la tablature.

L'aérographe désigne la fin du signal, à la suite du dernier temps, par l'abaissement des deux bras marquant un instant l'article 64, signal repos.

Avec les pavillons on hisse ensemble les divers temps d'un signal, le second temps au-*dessous* du premier, et le 3e au-*dessous* du second, ou bien encore à une autre place vers la droite.

Pour éviter les 6 pavillons de suite du signal à trois temps, on fera ce signal en deux fois, en hissant d'abord les trois premiers signes suivis immédiatement des trois autres. On peut encore établir les trois derniers à une autre place vers la droite.

Il est bien entendu que le second élément de chaque temps se met au-*dessous* du premier. En système sonore ces deux éléments sont marqués par un repos beaucoup moins long que celui qui sépare les signaux complets, ou les divers temps d'un signal composé. L'usage de ce système offrira aux correspondants des nuances infaillibles pour éviter toute confusion.

La réunion des signaux simples, doubles et triples, forme un ensemble de 125,000 articles, plus que suffisant à toute espèce de correspondance; mais pour éviter les signaux à trois temps, et quelquefois même pour se réduire à un seul, on se servira avantageusement des signes de transition de la 8e colonne, et des 6 nouveaux de la tablature numérique, afin d'indiquer qu'on va entrer dans une nouvelle série d'articles, formant un vocabulaire spécial au sujet dont on s'occupe. On conçoit en effet l'inutilité de réunir dans un même vocubaire les articles qui n'ont aucun rapport entre eux : les signaux de la marine seraient indifférents à une armée de terre, ou à une société de négociants, et réciproquement ; mais encore il est convenable de subdiviser le vocabulaire général d'une seule nature de correspondance en autant de dictionnaires spéciaux qu'exigent les diverses circonstances où se trouvent les correspondants. Tout dépendra des conventions faites à l'avance.

Les signes de transition de la 7e colonne, tablature numérique, ainsi que ceux de la 8e, pourraient être utilement exprimés, en certaines circonstances, par le guidon ou troisième bras, ou par un des pavillons du système mobile, accompagnant alors les signaux de l'aérographe. On mettrait ainsi en permanence ce qui conviendrait aux usages de la marine, le signe transitoire indiquant la nature de la dépêche, c'est-à-dire le vocabulaire particulier où il faut puiser l'explication des signaux : vocabulaire illimité, bien entendu, pouvant s'étendre suivant les besoins aux signaux doubles, triples, etc.

MODÈLE

POUR LA CONFECTION DU VOCABULAIRE.

TABLATURE NUMÉRIQUE DÉVELOPPÉE,

offrant les N^os d'ordre des séries diverses du Vocabulaire.

ÉLÉMENTS du signal.		N° à énoncer.	ÉLÉMENTS du signal.		N° à énoncer.	ÉLÉMENTS du signal.		N° à énoncer.	ÉLÉMENTS du signal.		N° ou article à énoncer.	
colonne.	ligne ou place.		colonne.	ligne ou place.		colonne.	ligne ou place.		colonne.	ligne ou place.		
1	1	0	3	1	16	5	1	32	7	1	48	
	2	1		2	17		2	33		2	49	
	3	2		3	18		3	34		3	A	
	4	3		4	19		4	35		4	B	
	5	4		5	20		5	36		5	C	Signaux transitoires.
	6	5		6	21		6	37		6	D	
	7	6		7	22		7	38		7	E	
	8	7		8	23		8	39		8	F	
2	1	8	4	1	24	6	1	40	8	1	Alphabet.	
	2	9		2	25		2	41		2	Vocabulaire.	
	3	10		3	26		3	42		3	Adresses.	
	4	11		4	27		4	43		4	Dialogue.	
	5	12		5	28		5	44		5	Réponse.	Signaux régulateurs.
	6	13		6	29		6	45		6	Faute.	
	7	14		7	30		7	46		7	Fin.	
	8	15		8	31		8	47		8	Repos.	

SUITE DU MODÈLE DU VOCABULAIRE.

SIGNAUX SIMPLES ;

formant une page dont chaque article s'énonce par le n° de la ligne. Après avoir épuisé ces 5o signaux on passe à la série des signaux doubles.

N° d'ordre.	Article énoncé.	N° d'ordre.	Article énoncé.	N° d'ordre.	Article énoncé.
0		16		32	
1		17		33	
2		18		34	
3		19		35	
4		20		36	
5		21		37	
6		22		38	
7		23		39	
8		24		40	
9		25		41	
10		26		42	
11		27		43	
12		28		44	
13		29		45	
14		30		46	
15		31		47	
				48	
				49	

Observation : Toutes les pages ou tablatures seront développées sur le même modèle, sauf les nombres décimaux qui vont toujours croissant, et qui, sur cette première page, sont les mêmes que les numéros de lignes.

SUITE DU MODÈLE DU VOCABULAIRE.

SIGNAUX DOUBLES,

formant un chapitre dont chaque article s'énonce par le n° de la page, puis le n° de la ligne.

Ces 2500 signaux, joints aux 50 signaux simples, étant insuffisants, on entre alors dans la série des signaux triples.

Numéro de la page.	LIMITES des NOMBRES DÉCIMAUX dans chaque page.		Numéro de la page.	LIMITES des NOMBRES DÉCIMAUX dans chaque page.		Numéro de la page.	LIMITES des NOMBRES DÉCIMAUX dans chaque page.	
0	de 0 à	49	17	de 850 à	899	34	de 1700 à	1749
1	de 50 à	99	18	de 900 à	949	35	de 1750 à	1799
2	de 100 à	149	19	de 950 à	999	36	de 1800 à	1849
3	de 150 à	199	20	de 1000 à	1049	37	de 1850 à	1899
4	de 200 à	249	21	de 1050 à	1099	38	de 1900 à	1949
5	de 250 à	299	22	de 1100 à	1149	39	de 1950 à	1999
6	de 300 à	349	23	de 1150 à	1199	40	de 2000 à	2049
7	de 350 à	399	24	de 1200 à	1249	41	de 2050 à	2099
8	de 400 à	449	25	de 1250 à	1299	42	de 2100 à	2149
9	de 450 à	499	26	de 1300 à	1349	43	de 2150 à	2199
10	de 500 à	549	27	de 1350 à	1399	44	de 2200 à	2249
11	de 550 à	599	28	de 1400 à	1449	45	de 2250 à	2299
12	de 600 à	649	29	de 1450 à	1499	46	de 2300 à	2349
13	de 650 à	699	30	de 1500 à	1549	47	de 2350 à	2399
14	de 700 à	749	31	de 1550 à	1599	48	de 2400 à	2449
15	de 750 à	799	32	de 1600 à	1649	49	de 2450 à	2499
16	de 800 à	849	33	de 1650 à	1699	»	»	

OBSERVATION : Tous les chapitres se ressemblent, sauf les nombres décimaux qui vont toujours croissant ; chaque page doit être développée suivant le modèle précédent des signaux simples.

SUITE DU MODÈLE DU VOCABULAIRE.

SIGNAUX TRIPLES,

formant un volume dont chaque article s'énonce par le n° du chapitre, puis le n° de la page, et enfin le n° de la ligne.

N° du chapitre.	LIMITES des NOMBRES DÉCIMAUX dans le chapitre.		N° du chapitre.	LIMITES des NOMBRES DÉCIMAUX dans le chapitre.		N° du chapitre.	LIMITES des NOMBRES DÉCIMAUX dans le chapitre.	
0	de 0 à	2,499	17	de 42,500 à	44,999	34	de 85,000 à	87,499
1	de 2,500 à	4,999	18	de 45,000 à	47,499	35	de 87,500 à	89,999
2	de 5,000 à	7,499	19	de 47,500 à	49,999	36	de 90,000 à	92,499
3	de 7,500 à	9,999	20	de 50,000 à	52,499	37	de 92,500 à	94,999
4	de 10,000 à	12,499	21	de 52,500 à	54,999	38	de 95,000 à	97,499
5	de 12,500 à	14,999	22	de 55,000 à	57,499	39	de 97,500 à	99,999
6	de 15,000 à	17,499	23	de 57,500 à	59,999	40	de 100,000 à	102,499
7	de 17,500 à	19,999	24	de 60,000 à	62,499	41	de 102,500 à	104,999
8	de 20,000 à	22,499	25	de 62,500 à	64,999	42	de 105,000 à	107,499
9	de 22,500 à	24,999	26	de 65,000 à	67,499	43	de 107,500 à	109,999
10	de 25,000 à	27,499	27	de 67,500 à	69,999	44	de 110,000 à	112,499
11	de 27,500 à	29,999	28	de 70,000 à	72,499	45	de 112,500 à	114,999
12	de 30,000 à	32,499	29	de 72,500 à	74,999	46	de 115,000 à	117,499
13	de 32,500 à	34,999	30	de 75,000 à	77,499	47	de 117,500 à	119,999
14	de 35,000 à	37,499	31	de 77,500 à	79,999	48	de 120,000 à	122,499
15	de 37,500 à	39,999	32	de 80,000 à	82,499	49	de 122,500 à	124,999
16	de 40,000 à	42,499	33	de 52,500 à	84,999	»	»	»

Observation : Le nombre décimal provient du n° du chapitre multiplié par 2,500, ajouté au n° de la page multiplié par 50, ajouté encore au n° de la ligne.

Étant donné un nombre dans les limites du Vocabulaire, pour l'énoncer au système de l'aérographe, on le divisera par 2,500 pour avoir le n° du chapitre. On divisera encore le reste par 50 pour obtenir le n° de la page, et ce dernier reste donnera enfin le n° de la ligne.

PRATIQUE DE L'AÉROGRAPHE

ET COMMUNICATIONS A DE GRANDES DISTANCES.

La sphéricité de la terre, malgré la réfraction dont l'effet est de relever l'image des objets, exige déja que les correspondants soient placés à une certaine hauteur; ce qui d'ailleurs est utile pour éviter l'opacité de l'air, surtout autour des villes, au-dessus des rivières, des bois, des marais, et même encore pour diminuer les ondulations produites par la chaleur du jour. Le rayon visuel doit donc dominer, autant que possible, tous les corps intermédiaires. Il est encore bon que les signaux soient vus dans la transparence de l'air, pour être dans les conditions les plus favorables au contraste qui doit les rendre visibles.

C'est pour remplir ces conditions que nous avons conseillé, pour le service de la marine, de placer l'aérographe vers la partie supérieure de la plus haute mâture.

A de certaines distances, toutes les couleurs, avons-nous dit, se réduisent à deux : le blanc pour les surfaces planes éclairées par le soleil, le noir pour tous les corps qui sont à l'ombre, fussent-ils peints en blanc, ce qui rend précaire l'usage des pavillons : car on en aperçoit difficilement les couleurs à trois quarts de lieue ; et encore faut-il que le vent ne fasse pas disparaître le pavillon lui-même en le présentant de champ.

L'aérographe avec des surfaces beaucoup moins développées, mais toujours constantes et fixes, est d'un service dont la supériorité est évidente. Les bras se distinguent l'un de l'autre par la forme, et surtout par la différence des longueurs: quant à celle des couleurs, elle devient inutile; mais il est important de ne présenter à la vue que des surfaces cannelées ou dépolies, afin d'éviter la réflexion de la lumière.

Cependant, à des distances médiocres, il y a quelque utilité à pouvoir offrir, revêtus de la couleur blanche, les bras de l'aérographe militaire : c'est lorsque cet instrument portatif, pour lequel on ne peut toujours choisir les stations, se trouve dans une vallée, laissant derrière lui un fond obscur. Les bras seront faits en forme de jalousie, dont les lamelles, peintes en noir d'un côté, et en blanc de l'autre, pourront, en pivotant toutes ensemble, chacune sur son axe, présenter alternativement chaque face.

Pour rendre ces bras plus légers, et donner moins de prise au vent, il serait bon de les établir en fer; et même, pour la marine, de les réduire en une simple tige, dont le contre-poids, destiné, la nuit, à faire équilibre à la lanterne, répondrait encore, le jour, à la surface qui doit remplacer cette lanterne, surface qui pourrait être composée, en partie, d'étamine, ou bien entièrement en bois ou en tôle.

Dans l'emploi des instruments d'optique, on ne doit pas oublier que c'est au détriment de la clarté et de la netteté des objets, qu'on obtient leur grossissement. Cet effet est en raison directe de la grandeur obtenue des images.

Au moyen des lunettes, on peut étendre les communications jusqu'à cinq ou six lieues, et même aller jusqu'à

dix ou douze, dans un temps convenable, et avec des instruments un peu grands.

La nuit, une lumière à réverbère peut s'apercevoir jusqu'à trente mille toises avec une lunette ordinaire, et, à
six ou sept pieds de distance, les feux offrent des angles et
des signes appréciables. C'est surtout à cause de l'insta-
bilité des fanaux que les réglements de la marine indiquent deux brasses ou dix pieds.

Avec l'aérographe nocturne on n'imitera pas la con-
stance de l'administration des télégraphes, qui suspend
ses dépêches dès la chute du jour; car les ténèbres occupent un laps de temps trop considérable pendant la révolution annuelle, pour ne point en profiter; d'autant
plus que les accidents atmosphériques sont moins à
craindre, et que les points lumineux s'aperçoivent à des
distances beaucoup plus grandes que celles où peuvent
atteindre, pendant le jour, nos meilleures lunettes.

C'est d'après ces données et le choix des stations qu'il
faut déterminer les dimensions de l'aérographe; tout dé-
pend des localités. Arrivons à quelques notions de pratique.

Avant d'entamer la correspondance, la dépêche doit
avoir été convertie en chiffres ou en écriture aérographique, avec aussi peu de termes que possible. Et, à mesure
que l'on fait un signal, on prend la précaution d'effacer
ou de pointer sur le papier le signe qui le représente.

On commence par un signal d'*appel*, c'est-à-dire que
l'on balance de temps à autre le petit bras, avant de l'arrêter à l'un des signaux transitoires, pour attirer l'attention du correspondant. Celui-ci finit par répondre en
répétant le même signal.

Puis, après avoir désigné, s'il y a lieu, au moyen du
vocabulaire *Adresses*, la personne à qui l'on écrit, on peut
encore recourir au même signal transitoire pour mieux

préciser le système dont on va se servir , la tablature ou le vocabulaire qui doit interpréter les signaux.

Le mouvement des manivelles se fait sans indécision et d'un seul temps, en commençant par la grande, c'est-à-dire par le premier élément du signal. On les arrête nettement et sans secousse, sachant d'avance la place qu'elles doivent occuper. Dans le cas où, par inadvertance, on aurait fait agir une des manivelles avant de savoir où l'arrêter, il faudrait en continuer le balancement jusqu'à parfaite décision.

Une erreur étant commise, on accepte le signal, sauf à le rectifier ensuite par le signal *faute* 8-6.

Quand un signal doit être redoublé, on promène volontairement les deux manivelles pour les reporter ensuite aux mêmes places.

Le commencement d'un mot, dans le système alphabé-tique, et le commencement d'un nombre, dans le système numérique, est indiqué par l'abaissement des deux bras au signal *repos*. Les autres éléments du mot, ou les autres temps du signal numérique, se font directement, en passant d'une position à l'autre.

Ce mouvement uniforme des bras, toujours s'élevant du même côté pour s'abaisser ensuite par le mouvement contraire, est un moyen certain de reconnaître, pendant la nuit surtout, si le signal est vu directement ou à l'envers, et par conséquent d'apprécier la position du bâtiment qui le donne.

Cet effet ne pourrait avoir lieu si l'on plaçait l'aéro-graphe en avant de la mâture. L'étai du mât laisserait bien passer les contre-poids, dont la longueur des tiges serait réduite, mais arrêterait nécessairement les bras. On est conduit alors au mouvement demi-circulaire, en partant toujours du signal *repos*, ou bien, il faudrait

(52)

renverser le *cadran*, ce qui mettrait en haut le point de départ ; le n° 1 remplacerait le n° 5, celui-ci le n° 1, et ainsi de suite. Cette disposition du cadran n'est pas d'une convenance générale.

La dépêche finie, ce qu'on exprime par le signal *fin* (8-7), les deux bras de l'aérographe tombent dans la position du signal *repos*, 8-8.

Le correspondant, en recevant les signaux, doit avant tout, pour plus de sûreté, les tracer ou les piquer successivement sur le papier.

Dans le cas où ce correspondant ferait partie d'une ligne de plusieurs stations, il ne transmettrait le signal qu'on lui donne qu'après s'être assuré que le signal précédent a été transmis par le correspondant qui le suit.

Cette répétition du signal est une preuve d'attention qu'il faut recevoir chaque fois pour continuer.

Si le correspondant n'était point en ligne, c'est-à-dire s'il n'avait point à transmettre le signal à d'autres stationnaires après lui, il pourrait, dans son isolement, ne point avoir d'aérographe, et, alors, il adopterait un signe quelconque d'attention. On conçoit même que, dans cette circonstance, et à des distances où l'aérographe serait suffisamment en vue, après un premier signe d'attention de la part d'un correspondant, nécessairement attentif, on pourrait continuer sans interruption. Il faut généralement, et dans cette occasion surtout, agir sans précipitation, tout en ne mettant que le temps dont on a besoin soi-même pour écrire, et préparer mentalement le signal nouveau.

Entre personnes exercées, les signaux peuvent être transformés successivement ainsi avec une grande promptitude.

Une minute suffit pour donner de six à huit signaux.

(53)

Avec un peu d'habitude et d'attention, on irait encore
plus vite. Le résultat dépendra de l'aptitude des employés. En tous cas, il est évident que l'aérographe exige
moins de temps, pour la formation et l'appréciation de
ses signaux, que tous les autres télégraphes, machines
nécessairement plus compliquées.

Quant au système sonore, l'expérience fera bientôt
connaître que ce procédé doit presque égaler, en vitesse,
l'émission de la parole portée à distance au moyen du
porte-voix.

Dans les circonstances où l'on tiendrait surtout à une
grande précision, on sentira la nécessité d'un *régulateur*
pour assurer les signaux; et alors, à défaut du guidon, on
se servira du pavillon, ou de la traverse mentionnée p. 20,
qu'on élèvera suffisamment au moyen d'une corde passant dans une poulie, de manière qu'on voie au loin cet
indicateur se détacher du pied de l'aérographe. La nuit,
le mouvement de l'indicateur découvrira un quatrième
feu qu'il fera disparaître à son retour.

Une fois cette convention établie entre les correspondants, tout signal ne comptera pas, s'il n'est accompagné
du régulateur qu'on maintient en place pendant les deux
ou trois temps d'un signal numérique. Puis, étant abaissé,
on le relève pour l'expression du signal suivant. En système alphabétique, le régulateur pourra ne s'abaisser qu'à
la fin des mots, ce qui donnera plus de précision aux
phrases.

PARALLÈLE DU SYSTÈME DE L'AÉROGRAPHE

AVEC LES AUTRES SYSTÈMES EN USAGE.

Les coups de canon et les fusées en usage dans la marine ne sont employés que dans de rares circonstances, car ce sont des moyens coûteux et bornés dans leurs résultats.

Les fanaux et pavillons sont d'un service plus général et plus étendu. *Frappés* à une drisse, comme nous l'avons déja dit, on les élève à force de bras pour les redescendre, afin de les échanger pour d'autres, suivant un système convenu.

La Tactique navale, dernière édition, 1819, renferme le système adopté dans les escadres françaises.

Les signes employés sont au nombre de 34, dont 2 pavillons, 4 guidons, 2 triangles et 8 flammes, au moyen desquels on fait des signaux qui se composent souvent de 3 signes à la fois, et dont les combinaisons sont consignées dans un vocabulaire, qui ne s'élève pas au-delà de 914 articles.

Les dimensions réclamées par une longue pratique, et imposées par les réglements de la marine, sont :

Pavillons, le guindant, 4 mètres, 6 décim.; le battant, 4 mètres, 3 décim.
Guidons,   *id.*   2   *id.*   4   *id.*   *id.*   6   *id.*   3   *id.*
Triangles,   *id.*   2   *id.*   7   *id.*   *id.*   3   *id.*   4   *id.*
Flammes,   *id.*   1   *id.*   8   *id.*   *id.*   10   *id.*   5   *id.*

Il a fallu ces différentes formes et ces énormes dimensions, afin d'obtenir des surfaces assez grandes pour recevoir les différentes couleurs et le tracé des figures qui
doivent différencier un aussi grand nombre de signes.

Nous opposerons à ce système celui de l'aérographe,
qui, au lieu de quatre formes, n'en exige qu'une, et réduit les 34 signes de la tactique navale à 2 pavillons, véritables protées, apparaissant suivant les besoins, chacun sous quatre aspects différents ; signes si bien tranchés
par le dessin et la couleur, qu'ils peuvent accepter les
dimensions les moins embarrassantes, et suffisent à l'é-
nonciation des articles d'un vocabulaire immense, dont
les signaux de la tactique n'occuperaient pas la centième
partie.

Avec le nouveau système, on ne verrait plus sur la
dunette d'un vaisseau, au milieu de pavillons épars, tant
de mouvements et d'embarras pour leur arrangement et
pour la recherche des numéros demandés. Un double
sac, ou une boîte à deux compartiments suffirait pour
renfermer, d'une part, le pavillon bleu-jaune triangulaire
et de l'autre, le pavillon blanc-rouge rectangulaire, pavillons dont on aurait quatre rechanges portant à chaque
angle le numéro qui indique la pose correspondante.

A ces avantages particuliers, même en supposant qu'au
lieu de deux pavillons, on fît choix d'un plus grand
nombre de signes, il ne faut point oublier d'ajouter la
grande supériorité d'un système universel, qui, sous
différents aspects, s'adresse à l'ouïe aussi bien qu'à la
vue, et crée une écriture et une typographie dont, malheureusement, l'utilité sociale ne sera appréciée qu'après
une pratique assez longue pour en démontrer toute la
valeur.

Outre ce réglement de la marine, une langue télégraphique universelle, ou code des signaux, bornée à l'usage exclusif des pavillons, a été proposée par M. Luscombe, édition du Havre, 23 octobre 1822, et adoptée, dit-on, par des bâtiments de commerce, et même par les Anglais.

Ce code est un vocabulaire à système décimal. Chaque chiffre, ainsi que le zéro, est désigné par un pavillon.

Le système décimal, ainsi que nous l'avons fait observer page 33, réclame déjà 4 chiffres pour exprimer le nombre 1,000, et il en faudrait 5 pour aller jusqu'à 10,000.

Afin de ne pas dépasser les nombres de 4 chiffres, réduits encore à ceux dont la composition n'en renferme point de semblables, précaution qu'il a fallu prendre pour éviter de doubler, tripler et même quadrupler chaque pavillon, ce qui en aurait élevé le nombre à 40, afin donc de ne pas dépasser les 4 chiffres, il a fallu diviser le code en plusieurs parties, et attacher à chaque division un pavillon spécial qui accompagne le nombre signalé, pour déterminer la partie du code à laquelle ce nombre appartient.

Le code a été formé de 6 parties :

La 1re forme la liste des bâtiments de guerre : 542 français, et 987 anglais.

La 2e, celle des bâtiments du commerce : elle s'élève jusqu'au nombre 7,087.

La 3e désigne les ports et caps, dont le nombre ne dépasse pas 987.

La 4e est un recueil de 1,023 phrases ou sentences.

La 5e (1re division du vocabulaire) offre 35 signaux de boussole, 309 numéros pour les verbes auxiliaires, et un chapitre pour les approvisionnements.

La 6e (2e division du vocabulaire) contient les lettres de l'alphabet, et 4,108 mots usités en affaires maritimes et commerciales.

Ce code renferme ainsi plus de 15,000 articles qui exigent 16 signes différents, dont 5 quelquefois s'élèvent ensemble pour le même signal, 4 servant à l'expression du nombre, plus le pendant distinctif qui surmonte le tout.

En conservant les 6 pendants distinctifs des diverses parties du code, on pourra énoncer les nombres avec l'aérographe; et, en l'absence de cet instrument, dont les signaux sont évidemment préférables à un système quelconque de pavillons, on se servira de notre petit nombre de signes si faciles à manier, à connaître et à distinguer au loin, interprétés, sans lacune de nombres, au moyen du vocabulaire de l'aérographe, vocabulaire inépuisable, uniforme et régulier dans ses divisions et subdivisions. On conçoit la convenance de remplacer les six pendants distinctifs par les signaux transitoires particuliers de la septième colonne, tablature numérique, signaux que l'on réduirait, chacun, au seul pavillon qui désigne la ligne de la tablature.

Voudrait-on augmenter le code de la langue télégraphique de M. Luscombe d'un chapitre nouveau, de deux, de trois? il faudrait augmenter d'autant le nombre des pavillons; pendant que notre vocabulaire, avec ses cinquante chapitres, présentant autant de fois 2,500 numéros d'ordre, est toujours prêt à recevoir, avec un classement méthodique, plus de cent mille articles nouveaux, après avoir ouvert ses colonnes à tous les commandements de la tactique navale, et à tous les signaux que renferme le code.

Notre système, comme on voit, dépasse toutes les exigences; il peut concorder avec toutes les méthodes connues, et se servir des dictionnaires déja faits, sans nécessiter leur réimpression.

Nous ferons néanmoins observer, sous ce dernier rapport, quelle utilité remarquable il y aurait de refondre
tous ces vocabulaires spéciaux et isolés, pour en former
un seul, suivant le système de l'aérographe, travail digne
de fixer l'attention des gouvernements de l'Europe,
comme moyen vraiment universel de communications
d'idées, non seulement à de grandes distances, par l'emploi des aérographes, des pavillons et des instruments
sonores, mais encore au moyen d'une écriture et d'une
typographie à la portée de l'intelligence la plus vulgaire.

SUITE ET CONCLUSION.

L'aérographe, joignant à la simplicité de la construction, l'équilibre de l'ensemble et des parties, ainsi que
la faculté de recevoir de grandes proportions sans cesser
d'être mis en mouvement par un seul homme, pouvant,
en outre, être exposé sur les hauteurs à l'action du soleil,
de la pluie et des tempêtes, l'aérographe devient d'un
usage général sur terre et sur mer.

Aucun instrument connu de ce genre, nous ne sau-
rions trop le redire, ne peut lui être comparé pour la
vitesse des mouvements et la simplicité des signaux.

A cette supériorité se joint un système alphabétique,
remarquable par l'écriture à qui il donne naissance,
écriture dont on peut multiplier à volonté les épreuves,
moyen supplémentaire de publication ajouté à celui que
présente l'aérographe lui-même, parlant aux yeux de
tous un langage connu.

Cet instrument peut encore étendre ses services, et
remplacer avantageusement le télégraphe, pour la correspondance sur une ligne prolongée ; car il écrit tout
au moyen de son alphabet, et possède le cadre d'un vocabulaire illimité.

Qu'on adjoigne un guidon ou troisième bras à l'aérographe, il devient un rival supérieur au télégraphe

ordinaire par la solidité de sa construction et le nombre des signes primitifs.

Mais nous le répétons encore, c'est dans sa simplicité que l'aérographe se recommande principalement, et l'on ne saurait rendre trop populaires un vocabulaire et une tablature alphabétique, invariables pour les communications publiques, puisqu'il sera toujours facile de s'en servir pour les correspondances privées, au moyen d'une convention faite à l'avance.

Il sera peu coûteux d'établir de grandes dimensions pour franchir les distances les plus éloignées, et rien ne sera plus aisé que de multiplier les stations, avec un instrument qui peut être manœuvré à la croisée d'une maison, aussi bien que sur une échelle, ou sur un simple poteau. Ce double avantage est très-important, car les obstacles dans la correspondance viennent principalement, d'abord de l'inattention, des distractions et des fautes des agents, et ensuite de la difficulté d'apercevoir en tous lieux les signaux des stations éloignées, ce qui entrave le passage des dépêches, et les fait souvent rester en route. D'une part on est tenté de rapprocher les stations autant que possible, pour éviter les accidents de l'atmosphère, et de l'autre on est sollicité à les éloigner pour diminuer le nombre des employés. C'est cette double considération qui a fait borner, dans la pratique des télégraphes ordinaires, la distance des stations à deux ou trois lieues.

L'aérographe offre des chances plus favorables que l'expérience ne tardera pas à déterminer d'une manière satisfaisante.

Nous invitons les particuliers et surtout les négociants à en faire usage, eux qui peuvent avoir besoin, dans certaines localités, de promptes nouvelles, que sou-

vent ils payeraient bien cher, et qu'ils obtiendront facilement aujourd'hui, au moyen de l'instrument que nous
leur proposons.

Il appartient surtout au gouvernement d'ordonner
des essais, pour étendre et consolider la pratique d'un
procédé dont il tirerait le plus grand parti.

La guerre trouverait dans les aérographes militaires
ou portatifs, des porteurs de dépêches pour établir des
communications entre les différents corps d'une armée,
porteurs de dépêches qui improviseraient une correspondance inintelligible à l'ennemi, pourvu qu'ils pus-
sent arriver en vue des stations à pivot qu'on aurait eu
soin d'établir sur quelques tours ou bastions des villes
fortifiées, ou autres points importants.

La marine en adoptant, pour ses signaux précipités,
notre système de pavillons, donnerait le premier essor;
mais il serait à désirer qu'elle établît des aérographes
sur les points élevés du littoral de la mer, pour correspondre avec les bâtiments sous voiles, en même temps
qu'elle ferait des essais de l'aérographe, dont les bras,
se déployant vers l'extrémité des plus hautes mâtures,
offriraient un service encore plus prompt et plus assuré que celui des pavillons.

Comment triompher des habitudes et de la routine
consacrées par un long usage? Faudra-t-il qu'une idée
mère périsse en France pour renaître plus tard, après
avoir été exploitée par l'étranger? Un coup d'œil favorable de l'Académie des sciences pourrait donner la
vie à cet embryon; son développement aurait besoin
sans doute d'un témoignage d'intérêt, d'un signe d'appro-
bation de la part des guides de l'opinion publique; mais
nous n'avons point sollicité de si hauts suffrages: quoi-
que persuadé que c'est ordinairement dans les procédés

les plus simples que l'on trouve les applications les plus étendues et les plus importantes, nous avons préféré faire un appel direct à la pratique. Confiant dans la sagacité du ministre qui gouverne le premier corps où nous avons servi, nous avons voulu lui rendre hommage, et après avoir cherché à attirer son attention, par un Mémoire en date du 5 novembre 1831, considérant notre travail comme un ballon d'essai précurseur de plus grands résultats, nous nous sommes déterminé à livrer au public une idée que nous croyons utile.

TABLE.

FIN DE LA TABLE.

Bases du Système universel:
TYPES NATURELS

Sonores.			Visuels.
Sons et Rythme			**Formes et couleurs**
Octave		8	Blanc
Sensible		7	Rouge
Sus-domi.		6	Oranger
Dominante		5	Jaune
Sous-domi.		4	Vert
Médiante		3	Azur
Sus-toniq.		2	Bleu
Tonique.		1	Violet

Un carillon de 8 clochs convient mieux que tout autre instrument pour faire entendre des notes à de grandes distances. Une simple cloche suffira à la production des groupes de percussions.	Chaque Numéro d'ordre est représenté aux yeux ou à l'oreille par le signe correspondant	Une large flèche en tournant circulairement marquera les 8 directions. Des pavillons, elevés dans la transparence de l'air, présente-ront 8 surfaces di-versement coloriées et figurées.

CONCOURS DE PAVILLONS

pour le choix des signes correspondans aux types naturels.

A de certaines distances les couleurs se confondent, et l'on ne distingue plus que des teintes claires ou foncées. aussi ne se serviza-t-on que des couleurs génératrices, le Rouge marie avec le Blanc, le Bleu avec le Jaune et c'est au moyen des places respectives de ces teintes. par rapport au guindant et à la partie supérieure qu'on découvrira, dans le lointain, les marques distinctives des divers pavillons.

Les N.os indiquent les positions qu'on peut donner aux pavillons pour obtenir, avec le même, des signes différens.

ELEMENS DES SIGNAUX.
Cadran universel de l'aérographe.

Les deux bras inégaux de l'aérographe répé-
-tent exactement les mouvemens donnés à deux ma-
-nivelles qui pivotent au centre du cadran et que l'on
arrête à l'une des 8 divisions.

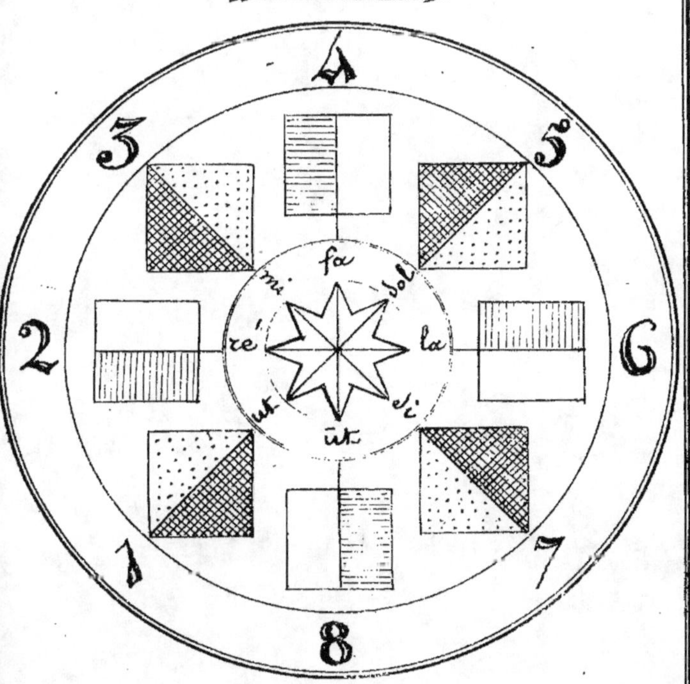

Ces deux pavillons, qui en représentent 8 en prenant
4 positions différentes, peuvent être remplacés par une
autre série de 8 signes conservant autant que possible
avec ceux-ci une certaine analogie. (V. Planche 2.)

FORMATION DES SIGNAUX

La combinaison, par deux à deux, des élémens donne 64 signaux, que l'on dispose sur les 64 cases d'un échiquier, ce qui forme une Tablature.

En Système sonore, la première note musicale, ou le premier groupe de percussions; et en Système visuel, le grand bras de l'aérographe, ou le pavillon supérieur, désignent le N.º de la colonne verticale où se trouve, dans la tablature, le signe représenté. La deuxième note, ou le deuxième groupe; le petit bras, ou le pavillon inférieur déterminent la place de ce même signe dans la colonne.

Signes à représenter	Élémens du Signal	Signaux Sonores		Signaux Visuels	
		Musicaux	à percuss.	Nocturnes	Diurnes
Alphabet	8 - 1	ut . ut			
Vocabulai.	8 - 2	ut . ré			
GN~20	3 - 5	mi . sol			

Planche 5.

Interprétation des Signaux:

TABLATURE ALPHABETIQUE

Offrant les principaux élémens phoniques d'une langue, afin de pouvoir tout écrire, la nuit et le jour, au moyen des Signaux Sonores et Visuels.

On a recours à cette tablature après le signal alphabet $\frac{8}{1}$

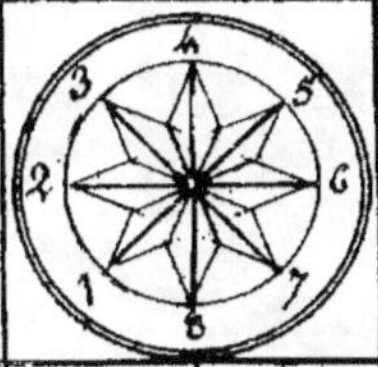

N.os des Colonnes:					1	2	3	4	5	6	7	8	Sonores:
N.os des places:					ut	ré	mi	fa	sol	la	si	ūt	
													Visuels:
1		ut			a	an	L	P	B	pl	1	alphab.	1
2		ré			i	in	M	T	D	cl	2	vocab.	2
3		mi			o	on	N	Q	G	fl	3	abrév.	3
4		fa			u	un	R	Ch	J	pr	4	dialo.	4
5		sol			é	eu	GN	F	V	tr	5	rép.	5
6		la			è	ou	LL	S	Z	cr	6	faute	6
7		si			oi	oin	e	X	&c.	fr	7	fin	7
8		ūt			oui	non	.	ième	0	9	8	repos	8
Sonores:			Visuels		1	2	3	4	5	6	7	8	

Interprétation des Signaux:

TABLATURE NUMÉRIQUE

Offrant les Numéros d'ordre des diverses
séries d'un Vocabulaire, dont on indique les
articles par l'énonciation des nombres correspondans.

On a recours à cette tablature après le signal Vocabulaire 8/2

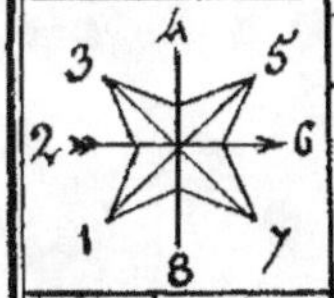

Signes de jour / Signaux sonores:

	1	2	3	4	5	6	7	8
1	0	8	16	24	32	40	48	alpha
2	1	9	17	25	33	41	49	Vocab
3	2	10	18	26	34	42	A	adess
4	3	11	19	27	35	43	B	dialo.
5	4	12	20	28	36	44	C	répo.
6	5	13	21	29	37	45	D	faute
7	6	14	22	30	38	46	E	fin
8	7	15	23	31	39	47	F	repos

Signaux sonores:

ut	1	ré	2	mi	3	fa	4	
sol	5	la	6	si	7	ut	8	

Signe numéraire: / Signaux sonores:

	ut	ré	mi	fa	sol	la	si	ut
	1	2	3	4	5	6	7	8

ECRITURE.

TYPOGRAPHIE.

Traduction.

Il faut écrire comme on prononce, en faisant
usage de l'orthographe rationelle et en supprimant
tout ce qui n'est pas nécessaire au sens de la phrase.
Les consonnes s'articulent comme étant suivies
d'un e muet : cette lettre s'emploie rarement.

Régulateur.

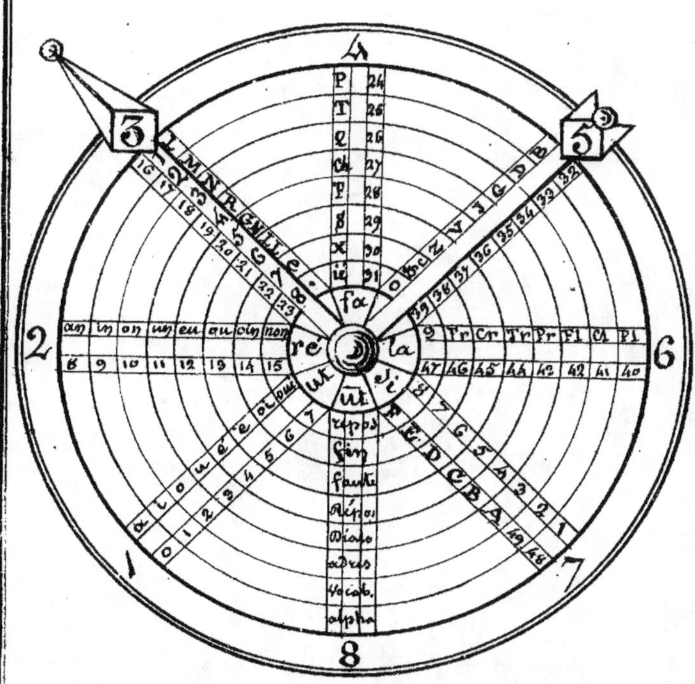

Les 8 rayons du Cadran indiquent les 8 colonnes des
Tablatures. Les bandes concentriques en désignent les places.
De sorte que la grande manivelle, ou pointe de la flèche,
arrêtée sur l'un des rayons, marquera le N°. de la colonne,
premier élément du signal; pendant que l'autre partie de
la flèche marquera le second élément, ou N°. de la place.
Cherchant alors le dernier N°. sur la grande manivelle, on
aura, de part et d'autre, le signe alphabétique ou numérique
qu'exprime le signal.